Friesentorte, Futjes & Fraukes Teekekse

Torten und Kekse aus der Küstenküche

Inhaberin Silke Hars
Rotschenkelweg 8
25813 Husum
Telefon: 0 48 41 – 66 22 866
Telefax: 0 48 41 – 66 22 989
E-Mail: cobraverlag@web.de
Internet: www.cobraverlag.de

Idee + Fotos: Silke Hars

Druck und Bindung:
Druckhaus Dräger + Wullenwever, Lübeck
ISBN 978-3-937580-89-0

Inhalt

Friesentorte

Zutaten:

1 Packung tiefgekühlter Blätterteig,
1 Eigelb,
3 Esslöffel Hagelzucker,
500 g Pflaumenmus,
650 ml 35%-ige Konditorsahne,
2 Esslöffel Zucker

Zubereitung:

Den tiefgekühlten Blätterteig auftauen lassen (nicht durchkneten). Einen Teil des Teiges auf die Größe eines Springformbodens ausrollen, auf den Boden legen und bei 200 – 225° C Ober- und Unterhitze ca. 15 Minuten backen. Auf einem Rost erkalten lassen.

Einen weiteren Boden aus dem Blätterteig ausrollen, die runde Form einer Tortenform ausschneiden und danach zwölf gleichgroße Stücke schneiden, mit dem Eigelb bestreichen und mit Hagelzucker bestreuen. Diese zwölf Teigstücke auf einem Springformboden bei 200 – 225° C Ober- und Unterhitze etwa 15 Minuten backen und auch auskühlen lassen. Bevor der Besuch kommt, den ersten Blätterteigboden mit 500 g Pflaumenmus bestreichen. 650 ml Schlagsahne mit zwei Esslöffeln Zucker steif schlagen und auf das Pflaumenmus streichen. Die mit Hagelzucker bestreuten zwölf gleichgroßen Blätterteigstückchen auf die Sahne legen und leicht schräg eindrücken. Sofort servieren.

Futjes

Zutaten:
½ l Milch, 125 g Hartweizengrieß,
1 Teelöffel Butter, ½ Teelöffel Salz,
5 Eier, ½ Würfel Hefe,
1 Esslöffel Zucker, 125 g Rosinen,
250 g Mehl,
Pflanzenfett zum Ausbacken

Zubereitung:
Die Hefe mit einem Esslöffel Zucker in einer Tasse zusammen anrühren bis sich die Hefe verflüssigt. Einen halben Liter Milch mit einem ½ Teelöffel Salz zum Kochen bringen. 125 g Hartweizengrieß unter Rühren einrieseln lassen. Kurz aufkochen und die Grießmasse in eine größere Schüssel geben. Sofort die fünf Eier dazugeben und unterschlagen. Das Mehl hineingeben, die angerührte Hefe in eine Mulde füllen. Die gewaschenen Rosinen auf das Mehl geben und alles zusammen zügig verrühren. Die Schüssel mit einem Handtuch abgedeckt an einen warmen Ort stellen. Ca. eine Stunde den Hefeteig gehen lassen.
Pflanzenfett in einen Topf geben und erwärmen. Nicht kochen lassen. Jetzt einen Esslöffel in das Fett tauchen und dann vom Teig einen Löffel Teig in das Fett gleiten lassen. Durch das Eintauchen des Löffels bleibt der Teig nicht am Löffel kleben.
So viele Futjes in das Fett schwimmend geben, das im Topf noch Platz bleibt, die Futjes zu wenden, bis sie goldbraun gebacken sind.
Die Futjes sind als Hauptgericht mit einer Fruchtsuppe zu servieren oder zum Kaffee als Gebäck. Dann werden sie am Tisch noch heiß in Zucker gedippt.

Fraukes Teekekse

Zutaten:
250 g Puderzucker,
3 Eier,
300 g Mehl,
geriebene Schale einer Zitrone,
1 Messerspitze Zimt,
1 Messerspitze Nelken

Zubereitung:
Puderzucker mit den drei Eiern schaumig rühren.
Zitronenschale, Zimt und und Nelken hinzufügen. Anschließend das Mehl untermischen. Diesen Teig auf einer bemehlten Fläche dünn ausrollen.
Mit einem Ausstecher runde Kekse ausschneiden und auf ein gefettetes Backblech legen. Bei 175° C Ober- und Unterhitze zartbraun backen.

Möhrenkuchen

Zutaten:

5 Eier,
300 g Zucker,
250 g Möhren,
150 g Haselnüsse,
150 g Mandeln,
75 g Mehl,
1 Zitrone,
1 Teelöffel Backpulver

Zubereitung:

5 Eier mit 300 g Zucker schaumig schlagen. 250 g Möhren fein hobeln. Die feingehobelten Möhren mit 150 g gemahlenen Mandeln und 150 g gemahlenen Haselnüssen unterheben. 75 g Mehl mit dem Saft einer Zitrone und einem Teelöffel Backpulver zum Schluss einrühren und dann in eine gefettete Springform füllen. Ca. 50 Minuten bei 175° C Ober- und Unterhitze backen. Kann nach dem Erkalten mit Zuckerguss überzogen oder mit geschlagener Sahne gegessen werden.

Butterzwieback von Tante Ische

Zutaten:

500 ml lauwarme Milch,
250 g Butter,
1.250 g Mehl,
1 Ei,
1 Esslöffel Zucker,
Prise Salz,
70 g Hefe

Zubereitung:

Das Mehl in eine Schüssel geben, das Ei, etwas Salz, die Butter in Flöckchen dazugeben. Die Hefe mit dem Esslöffel Zucker verrühren und in eine Mulde in das Mehl geben. Die lauwarme Milch dazugeben und alles zu einem Teig verrühren. Den Teig an einem warmen Ort gehen lassen. Nochmals durchkneten und walnussgroße Kugeln auf ein eingefettetes Backblech setzen. Nochmals ca. 20 Minuten gehen lassen. Dann bei 200° Umluft 12 Minuten backen. Etwas abkühlen lassen und die Häufchen durchschneiden. Die Zwiebackhälften nochmals 30-40 Minuten nachbacken bei 100° C.

Sandkuchen mit Sahne & Eierlikör

Zutaten:
250 g Butter,
250 g Zucker,
4 Eier,
1 Päckchen Vanillezucker,
3 Esslöffel Mehl,
250 g Kartoffelmehl,
2 Teelöffel Backpulver

Zubereitung:
250 g Butter in einem Topf langsam schmelzen lassen. 250 g Zucker mit vier Eiern dick schaumig rühren, ein Päckchen Vanillezucker dazugeben. 250 g Kartoffelmehl unterrühren. Die flüssige Butter (nicht zu heiß) tröpfchenweise in den Teig fließen lassen unter ständigem Rühren. Zum Schluss drei Esslöffel Mehl mit zwei Teelöffel Backpulver unterrühren. Den Teig in eine gefettete und mit Paniermehl ausgestreute Kastenform füllen.
Bei 175° C Ober- und Unterhitze ca. 70 – 80 Minuten backen. Auskühlen lassen.
Schmeckt besonders mit geschlagener Sahne und Eierlikör.
Diesen Kuchen kann man gut in einem geschlossenen Topf aufbewahren.

Gebackene Quarktorte (ohne Boden)

Zutaten:

250 g zimmerwarme Butter,
250 g Zucker,
6 Eier,
1000 g Quark,
100 g Grieß,
1 Esslöffel Speisestärke,
1 Päckchen Zitronenabrieb,
1 Prise Salz

Zubereitung:

Sechs Eigelb mit 150 g Zucker schaumig rühren. Zimmerwarme Butter zufügen unter ständigem Schlagen. Zitronenabrieb unterrühren. Ab jetzt den Teig nur noch mit der Hand umrühren. Quark, Grieß, Speisestärke und Prise Salz vorsichtig unterrühren. Sechs Eiweiße mit der Küchenmaschine steif schlagen. Während des Schlagens die 100 g Zucker einrieseln lassen. Den Eischnee vorsichtig unter die Quarkmasse heben. Die Teigmasse in eine gefettete und mit Paniermehl ausgestreute Springform füllen. Im auf 180° C Ober- und Unterhitze vorgeheiztem Backofen wird die Quarktorte ca. 30 Minuten gebacken. Dann auf 160° C stellen und weitere 30 – 40 Minuten backen.

Gedeckter Apfelkuchen

Zutaten:

300 g Mehl,
30 g Zucker,
40 ml kaltes Wasser,
180 g Margarine,
700 g säuerliche Äpfel (z.B. Boskop),
2 ½ Zitronen,
720 g Apfelmuskompott,
80 g Rohrzucker,
1 Eigelb

Zubereitung:

Aus 300g Mehl, 180 g Margarine, 30 g Zucker und 40 ml kaltem Wasser einen Teig rühren. Die Hälfte des Teiges auf eine bemehlte Fläche legen und mit einem Roller zu einer runden Platte ausrollen. Eine Springform einfetten und mit Paniermehl ausstreuen. Die ausgerollte Teigfläche auf den Boden der Springform legen. Einige dünne Teigwürste rollen und damit den Rand des Kuchens formen. 700 g Äpfel schälen und mit der Maschine in dünne Scheiben hobeln. Sofort mit dem Saft von 1 ½ Zitronen beträufeln. Das Apfelmus hinzugeben und 80 g Rohrzucker. Alles gut vermengen und auf der Teigplatte verteilen. Von der zweiten Hälfte des Teiges eine zweite Teigplatte ausrollen und auf die Apfelmasse legen. Mit einem Eigelb bestreichen.
Im vorgeheizten Backofen (180° C Ober- und Unterhitze) ca. 50 - 60 Minuten backen.

Kakao-Kirschkuchen

Zutaten hellen Teig:
125 g Margarine,
100 g Zucker,
2 Eier,
125 g Mehl,
25 g Speisestärke,
½ Päckchen Backpulver,
2 Esslöffel Rum

Zutaten dunkler Teig:
1 ½ Esslöffel Kakao,
2 Esslöffel Rum

Zutaten Belag:
1 Glas Sauerkirschen

Zubereitung:
Die Margarine weich rühren. Den Zucker nach und nach beim Rühren einrieseln lassen. So lange rühren, bis der Zucker nicht mehr knirscht beim Rühren. Zwei Eier unterrühren. Mehl, Speisestärke und Backpulver vermengen und mit dem Rum unter die Masse rühren. Eine Springform einfetten und mit Paniermehl ausstreuen. 2/3 des Teiges in der Form verteilen.
Das letzte Drittel des Teiges mit zwei Esslöffel Kakao und zwei Esslöffeln Rum verrühren. Den Teig auf dem hellen Teig in Häufchen verteilen und etwas in den hellen Teig eindrücken. Das Glas Sauerkirschen in einem Sieb gut abtropfen lassen. Dann mit der Hand auf dem Teig verteilen und die Kirschen ganz leicht in den Teig drücken. Bei 175° C Ober- und Unterhitze ca. 25 – 30 Minuten backen.

Bethmännchen

Zutaten:
250 g Marzipanmasse,
60 g Puderzucker,
10 g Mehl,
1 Eiweiß
ganze Mandeln

Zubereitung:
Aus der Marzipanmasse, dem gesiebten Puderzucker, einem Eiweiß und 10 g Weizenmehl eine glatte Teigmasse kneten. Mit feuchten Händen kleine Kugeln formen und auf ein mit Backpapier belegtes Backblech setzen. Die ganzen Mandeln in heißes Wasser legen, bis sich die Hülle der Mandeln entfernen läßt. Die ganzen Mandeln halbieren und auf jedes Bethmännchen eine halbe Mandeln setzen. Die Bethmännchen bei 175° Ober- und Unterhitze ca. 15 – 20 Minuten backen.

Silkes schneller Apfelkuchen

Zutaten Teig:
125 g Butter,
100 g Zucker,
1 Ei,
250 g Mehl,
2 Teelöffel Backpulver

Zutaten Füllung:
750 ml Apfelsaft,
125 g Zucker,
2 Päckchen Vanille-Puddingpulver,
ca. 500 – 600 g Äpfel

Zubereitung:
Aus 125 g zimmerwarmer Butter, 100 g Zucker, einem Ei, 250 g Mehl und zwei Teelöffeln Backpulver einen Teig kneten. Den Teig in eine gefettete Springform verteilen, am Rand den Teig etwas hochdrücken. Die Äpfel schälen und in kleine Würfel schneiden. Auf dem Teig verteilen. Bei 175° C Ober- und Unterhitze ca. 20 Minuten backen. In der Zwischenzeit aus 750 ml Apfelsaft, 125 g Zucker und zwei Päckchen Vanille-Puddingpulver einen Pudding kochen.
Nach 20 Backminuten die Springform aus dem Backofen nehmen und den Pudding über die vorgebackenen Apfelwürfel geben.
Nochmals bei 175° C ca. 25 Minuten backen.

Zitronentorte

Zutaten für Boden:
4 Eier, 150 g Zucker,
3 Esslöffel warmes Wasser,
75 g Speisestärke, 75 g Mehl,
2 Teelöffel Backpulver

Zutaten für die Füllung und Verzierung:
1 Liter Schlagsahne, Zitronenstücke, Zitronenmelisse

Zutaten für Zitronencreme:
Saft von 2 Zitronen,
Schale von 1 Zitrone,
150 g Zucker, 20 g Butter,
250 ml kaltes Wasser, 2 Eigelbe,
50 g Mehl

Zubereitung Biskuitboden:
Eigelb mit dem Wasser und 100 g Zucker zu einer Creme rühren. Eiweiß mit 50 g Zucker zu festem Schnee schlagen, beide Massen vorsichtig vermengen. Mehl, Backpulver und Speisestärke mischen, darüber sieben und unterheben. In eine Springform geben und bei 160° C Heißluft etwa 30 Minuten backen.

Zubereitung Zitronencreme:
Alle Zutaten in einem Topf mischen und unter Rühren aufkochen lassen.
Kalt stellen. Für die Fertigstellung den Biskuitboden in drei Scheiben schneiden.
Abwechselnd mit Creme und Schlagsahne füllen. Die Torte mit Sahne einstreichen und garnieren.

Schmandtorte

Zutaten:
1 dünner Biskuitboden

Zutaten Füllung:
750 g Schmand,
2 kleine Dosen Mandarinen,
2 Esslöffel Zucker,
10 Blatt Gelatine

Zutaten Belag:
500 ml 35 %-ige Konditorsahne,
100 g Getränkepulver (Orangengeschmack),
3 Päckchen Vanillezucker,
3 Blatt Gelatine,

Zubereitung:
Einen dünnen Biskuitboden mit einem Tortenring umlegen. Die Mandarinen in einem Sieb abtropfen lassen, den Mandarinensaft auffangen. Den Schmand mit dem Mandarinensaft zusammen verrühren. Zwei Esslöffel Zucker unterrühren. Die Gelatine in etwas kaltem Wasser ca. 5 Minuten einweichen lassen. Die eingeweichten Gelatineblätter gut ausdrücken und in einen Topf ganz leicht unter Rühren etwas erwärmen. Wenn die Gelatine sich aufgelöst hat, etwas von der Schmandmasse erst in den Topf zu der Gelatine geben und sofort gut verrühren. Danach die Masse aus dem Topf in die Schmandmasse einrühren. Die Mandarinen unterheben und die gesamte Masse auf den Tortenboden füllen und glattstreichen. Die Torte in den Kühlschrank stellen.

Für die Sahnekugeln drei Blatt Gelatine in etwas kaltem Wasser einweichen. Die Schlagsahne steif schlagen, das Getränkepulver unterrühren, drei Päckchen Vanillezucker dazugeben. Die eingeweichte Gelatine ausdrücken, in einem Topf etwas erwärmen, so daß die Gelatineblätter sich auflösen (nicht zu stark erhitzen, dann wirkt die Gelatine nicht). Jetzt etwas von der angerührten Sahne zu der aufgelösten Gelatine geben, kräftig rühren und sofort in die Sahnemasse geben und weiter gut rühren.

Die fertige Sahnemasse in eine Schüssel geben und einige Stunden in den Kühlschrank stellen.

Die angedickte Sahnemasse mit einem Eiskugelportionierer in Kugeln dicht an dicht auf die Torte setzen (so wie man Eiskugeln macht).

Mürbeteigboden mit Erdbeeren

Zutaten:

150 g Butter,
220 Mehl,
Prise Salz,
1.000 g Erdbeeren,
¾ l Erdbeersaft,
8 Esslöffel Zucker,
4 Päckchen roten Tortenguss

Zubereitung:

Aus 150 g zimmerwarmer Butter, 220 g Mehl und einer Prise Salz einen Mürbeteig kneten. Wenn der Teig schön geschmeidig ist, ihn sofort mit den Fingern in einer gefetteten Springform verteilen. Im vorgeheiztem Backofen bei 200° C Ober- und Unterhitze ca. 20 – 25 Minuten backen. Abkühlen lassen. Mit einem Tortenheber auf eine Tortenplatte legen und einen Tortenring umlegen.Die Erdbeeren vorbereiten. Ich nehme die Hälfte des Erdbeersaftes, einige Löffel davon abnehmen zum Anrühren von zwei Päckchen rotem Tortenguss.
Den Saft mit vier Esslöffeln Zucker zum Kochen bringen und mit dem angerührten Tortenguss andicken. Heiß auf die Tortenplatte gießen.
Sofort die fertigen Erdbeeren im Ganzen dicht an dicht in den Erdbeerpudding stellen.
Die zweite Hälfte des Saftes mit Zucker und Tortenguss andicken und heiß gleichmäßig über die Erdbeeren verteilen. Eine Stunde abkühlen lassen. Dann mit geschlagener Sahne servieren.

Raffaellotorte

Zutaten:
Flacher Biskuitboden,
3 Zitronenjoghurt à 150 g,
Saft von 1 Zitrone,
150 g Zucker,
100 g Kokosraspel,
9 Blatt Gelatine,
2 Becher Schlagsahne,
1 Tüte Raffaellokugeln

Zubereitung:
Um den Biskuitboden einen Tortenring legen.
Den Joghurt, den Saft einer Zitrone, 150 g Zucker und 100 g Kokosraspeln verrühren. 9 Blatt Gelatine in etwas Wasser einweichen und gut ausdrücken.
In einem Topf wird die Gelatine bei kleiner Hitze aufgelöst und unter die Joghurtmasse gerührt. Die Schlagsahne steif schlagen und ebenfalls unterheben.
Die gesamte Masse auf den Tortenboden geben und erstarren lassen. Vor dem Verzehr mit etwas geschlagener Sahne und Raffaellokugeln verzieren.

Rahmkuchen

Zutaten Teig:
200 g Mehl,
75 g Zucker,
75 g Butter,
1 Ei,
1 Teelöffel Backpulver

Zutaten Füllung:
3 Eier,
100 g Zucker,
1 Päckchen
Sahne-Puddingpulver,
250 g Saure Sahne,
250 g Quark,
200 g Sahne,
400 g Obst
(z.B. Pfirsich/Kirschen
frisch oder aus dem Glas)

Zubereitung:
Aus Mehl, Zucker, Butter, Ei und Backpulver einen Mürbeteig herstellen. Den Teig in eine gefettete Springform drücken, die Ränder etwas hochdrücken. Für die Füllung die drei Eier mit dem Zucker schaumig schlagen. Das Sahne-Puddingpulver, die Saure Sahne und den Quark dazugeben und unterrühren.
200 g Sahne steif schlagen und unter die Masse heben. Das Obst vorbereiten, entweder klein schneiden oder, wenn Früchte aus dem Glas genommen werden, abtropfen lassen.
Auf dem Mürbeteigboden verteilen. Die Quarkmasse auf dem Obst verteilen und bei 160° C Ober- und Unterhitze ca. 50-60 Minuten backen.

Nusstorte

Zutaten:
6 Eier,
1 Prise Salz,
250 g Zucker,
250 g gemahlene Haselnüsse,
1 Päckchen Backpulver,
600 ml Konditorsahne,
4 Esslöffel Zucker

Zubereitung:
Die sechs Eiweiße mit einer Prise Salz zu steifem Eischnee schlagen. 250 g Zucker beim Schlagen einrieseln lassen. Die Eigelbe vorsichtig unter die Masse heben. Die gemahlenen Haselnüsse mit dem Päckchen Backpulver vermengen und beides unter die Eischneemasse heben. Den Teig in eine gefettete und mit Paniermehl ausgestreute Springform füllen. Bei 170° C Ober- und Unterhitze ca. 40 – 45 Minuten backen. Auskühlen lassen.
Die Torte zweimal durchschneiden. Den oberen Deckel zur Seite legen. Den unteren Tortenboden auf eine Tortenplatte legen und mit einem Tortenring umlegen. Die Schlagsahne mit vier Esslöffel Zucker steif schlagen. Auf den Tortenboden 1/3 der Sahne verstreichen. Den zweiten Tortenboden auf die Sahne legen und das zweite Drittel der geschlagenen Sahne darauf verteilen. Das letzte Drittel der Sahne auf den zweiten Tortenboden geben und verteilen. Den zurückgelegten Tortendeckel zerkrümeln und auf die oberste Sahneschicht verteilen.

Blitztorte

Zutaten Teig:
5 Eigelb,
125 g Zucker,
150 g Mehl,
1 Teelöffel Backpulver,
140 g Margarine

Zutaten Baiser:
5 Eiweiß,
1 Prise Salz,
200 g Zucker

Zutaten Torte:
1 große Dose Mandarinen,
500 ml 35 %-ige Konditorsahne,
4 Esslöffel Zucker

Zubereitung:
5 Eigelb, 125 g Zucker, 150 g Mehl, 1 Teelöffel Backpulver und 140 g Margarine zu einem Teig verrühren. Mit bemehlten Fingern auf zwei eingefetteten Springformen verteilen. Fünf Eiweiße mit einer Prise Salz steif schlagen. 200 g Zucker einrieseln lassen. Auf beide Böden verteilen. Nicht glatt streichen.

Ruhig Eiweißspitzen stehen lassen.
Bei 160° C Ober- und Unterhitze ca. 35 Minuten backen.
Den ersten Tortenboden auf eine Tortenplatte legen. Die Sahne mit vier Esslöffeln Zucker steif schlagen.
Die Hälfte der Sahne auf dem Tortenboden verteilen.
Die abgetropften Mandarinen darauf verteilen. Den Rest Sahne auf den Mandarinen verteilen. Den zweiten Tortenboden in zwölf Stücke schneiden und auf die Sahne legen.

Mandarinen-Sahnetorte

Zutaten Teig:
4 Eier,
130 g Zucker,
95 g Mehl,
65 g Speisestärke,
1 Teelöffel Backpulver

Zutaten Torte:
1 große Dose Mandarinen (oder 4 kleine Dosen),
600 ml 35 %-ige Konditorsahne,
1 Esslöffel Zucker,
1 Päckchen Orangengetränkepulver

Zubereitung:
Vier Eiweiß steif schlagen.
130 g Zucker einrieseln lassen. Vier Eigelbe vorsichtig unterheben. Mehl, Speisestärke und Backpulver mischen und ebenfalls vorsichtig unter die geschlagene Eimasse heben. In eine gefettete und mit Paniermehl ausgestreute Springform füllen und bei 175° C Ober- und Unterhitze 25 Minuten backen. Abkühlen lassen und dann einmal waagerecht durchschneiden. Den unteren Tortenboden auf eine Tortenplatte legen und einen Tortenring umlegen. 400 ml Konditorsahne halb fest schlagen. Dann das Päckchen Orangen-Getränkepulver einrieseln lassen und die Sahne damit steif schlagen. Die Hälfte davon auf dem Tortenboden verteilen. Die Mandarinen abtropfen lassen. Dann die Mandarinen auf der Orangensahne verteilen. Die zweite Hälfte der Orangensahne darauf verteilen. Den Tortendeckel auflegen. 200 ml Konditorsahne mit einem Esslöffel Zucker steif schlagen und auf der Torte verteilen. Verzieren.

Buchweizen-Preiselbeertorte

Zutaten Teig:
4 Eier,
50 ml kaltes Wasser,
150 g Zucker,
100 g Mehl,
80 g Buchweizenmehl,
1 Päckchen Backpulver

Zutaten Füllung:
900 ml Schlagsahne,
1 Glas Wildpreiselbeeren (400 g)

Zubereitung:
Vier Eiweiß mit 50 ml kaltem Wasser steif schlagen. Danach 100 g Zucker einrieseln lassen. Jetzt die vier Eigelbe mit 50 g Zucker schaumig schlagen und dann das geschlagene Eiweiß-Zuckergemisch unterheben.
Mehl, Buchweizenmehl und Backpulver mischen und vorsichtig unter die Eimasse heben. In eine gefettete und mit Paniermehl ausgestreute Springform geben und bei 180° C Ober- und Unterhitze 40 – 45 Minuten backen.
Erkalten lassen.
Den Boden dann zweimal durchschneiden.
Die Schlagsahne steif schlagen und die Waldpreiselbeeren unterrühren. Zwischen den Böden je 1/3 der Preiselbeer-Schlagsahne verstreichen und den Rest zum Verzieren nehmen.

Spielgeleierkuchen

Zutaten Teig:
200 g Butter,
200 g Zucker,
4 Teelöffel Vanillezucker,
5 Eier,
250 g Mehl,
1 Teelöffel Backpulver,
Schale von 1 Zitrone

Zutaten Belag:
2 Dosen Pfirsiche

Zubereitung:
Aus allen Zutaten einen Rührteig herstellen und ein Backblech mit Backpapier auslegen. Den Rührteig gleichmäßig auf dem Backblech verteilen.
2 Dosen Pfirsiche abtropfen lassen und die Pfirsiche mit der Schnittfläche nach unten auf den Teig verteilen.
Bei 200° C Ober- und Unterhitze ca. 30 – 35 Minuten backen.
Zum Verzehr Sahne steif schlagen und dazu servieren.

Eierlikörkuchen

Zutaten:

500 g Mehl,
1 Päckchen Backpulver,
250 g Zucker,
250 g Margarine,
4 Eier,
80 ml Milch,
80 ml Eierlikör,
1 Päckchen Vanillezucker

Zubereitung:

Vier Eier mit 250 g Zucker und einem Päckchen Vanillezucker schaumig schlagen. 250 g Margarine dazugeben. Unter Rühren 80 ml Eierlikör und 80 ml Milch vorsichtig einfließen lassen. Zum Schluss 500 g Mehl mit einem Päckchen Backpulver vermengen und in kleinen Mengen unter ständigem Rühren zugeben. Den Teig in eine gefettete und mit Paniermehl ausgestreute Kastenform füllen und im vorgeheiztem Backofen bei 175° C Ober- und Unterhitze 50 Minuten backen.

Gestürzte Apfeltorte

Zutaten:
250 g Zucker,
250 g Mehl,
4 Eier,
Äpfel

Zubereitung:
Eine Springform mit Backpapier auslegen. Die Äpfel schälen und in Scheiben geschnitten auf dem Backpapier verteilen. Jetzt werden vier Eigelbe mit dem Zucker schaumig geschlagen und das Mehl wird dazugegeben. Die vier Eiweiße zu festem Eischnee schlagen und unter die Teigmasse heben. Diese Teigmasse wird auf die in Scheiben geschnittenen Äpfel verteilt und bei 175° C Ober- und Unterhitze ca. 35 – 45 Minuten backen. Nach dem Backen wird die Torte gestürzt.

Kirsch-Kokos-Torte

Zutaten Teig:
100 g Butter,
125 g Zucker,
2 Eier,
150 g Mehl,
2 Teelöffel Backpulver,
2 Teelöffel Weinbrand

Zutaten Belag:
2 Gläser Sauerkirschen,
3 Eier,
100 g Zucker,
1 Teelöffel Zimt,
30 g gemahlene Walnüsse,
1 Esslöffel Kokosraspeln,
150 g saure Sahne

Zubereitung:
100 g Butter schmelzen und abkühlen lassen. Den Zucker mit den zwei Eiern dickschaumig schlagen. Nach und nach die geschmolzene abgekühlte Butter unterrühren. 150 g Mehl, 2 Teelöffel Backpulver und 2 Teelöffel Weinbrand unter den Teig rühren. Den Teig in einer gefetteten Springform bei 175° C Ober- und Unterhitze ca. 45 – 55 Minuten backen.

Die zwei Gläser Kirschen abtropfen lassen. Drei Eigelbe mit 100 g Zucker und einem Teelöffel Zimt schaumig schlagen. Die gemahlenen Walnüsse, die Kokosraspeln und die 150 g saure Sahne unterheben. Die drei Eiweiße zu steifem Eischnee schlagen und unter die Masse heben.
Den fertig gebackenen Tortenboden mit etwas Semmelbröseln bestreuen und die abgetropften Kirschen darauf verteilen. Die Saure Sahne-Kokosmasse darauf verteilen und nochmals bei 175° C Ober- und Unterhitze ca. 25 – 35 Minuten backen, bis die Oberfläche goldbraun ist.

Pflaumenmusstreifen von Hannchen

Zutaten:
300 g Mehl,
300 g Butter,
1 Prise Salz,
3 Esslöffel Sahne,
½ Teelöffel Zucker
½ Würfel Hefe,
1 Glas Pflaumenmus,
gehobelte Mandeln zum Bestreuen

Zubereitung:
½ Würfel Hefe mit einem halben Teelöffel Zucker in einer Tasse verrühren. Mehl, Butter, Prise Salz und die angerührte Hefe zu einem Teig verkneten. Den Teig eine Stunde in den Kühlschrank legen. Dann den Teig in vier Teile teilen und jedes Teigteil zu einem länglichen Rechteck ausrollen.
In die Mitte der ausgerollten Teigrechtecke Pflaumenmus geben und die beiden länglichen Teigränder über das Pflaumenmus schlagen, so dass kein Pflaumenmus mehr zu sehen ist. Mit Sahne bestreichen und mit Mandelblättchen bestreuen.
25 - 30 Minuten backen bei 170 - 180° C im Heißluftherd.

Dinkel-Apfelmustorte

Zutaten:

5 Eier,
1 Prise Salz,
150 g Zucker,
150 g Dinkel-Vollkornmehl,
50 g gemahlene Mandeln,
2 Teelöffel Backpulver,
800 ml 35%-ige Konditorsahne,
3 Esslöffel Zucker,
6 Äpfel,
1 ½ Tassen braunen Zucker,
1Bio- Zitrone,

Zubereitung:

Fünf Eiweiße mit einer Prise Salz steif schlagen. 150 g Zucker beim Schlagen einrieseln lassen. 150 g Dinkel-Vollkornmehl, 50 g gemahlene Mandeln, fünf Eigelbe und zwei Teelöffel Backpulver vorsichtig unterheben. Die Teigmasse in eine gefettete und mit Paniermehl ausgestreute Springform füllen und in den auf 175° C Ober- und Unterhitze vorgeheizten Backofen schieben und 40 Minuten backen. Auskühlen lassen.
Sechs Äpfel schälen, entkernen und in kleine Würfel schneiden. Die Schale der Bio-Zitrone über den Apfelwürfeln abreiben. Danach die Zitrone auspressen und den Saft über die Apfelwürfel geben. Eine halbe Tasse Wasser in einen Topf geben, die Apfelspalten hinzugeben. Ebenso den braunen Zucker. Bei mittlerer Hitze daraus einen Apfelmus kochen. Abkühlen lassen.
Den Tortenboden zweimal durchschneiden. Die Konditorsahne mit drei Esslöffeln Zucker steif schlagen. Den unteren Tortenboden mit einem Tortenring umlegen und mit einer dünnen Schicht Sahne bedecken.

Darauf das abgekühlte Apfelmus und eine weitere dünne Schicht Sahne darauf verteilen. Den zweiten Tortenboden auf die Sahneschicht legen. Darauf eine weitere dünne Sahneschicht verteilen. Tortendeckel auflegen und mit einer letzten Sahneschicht verzieren.

Nuss-Lieblingsplätzchen (ohne Mehl gebacken)

Zutaten:
40 g Butter,
100 g geröstete gemahlene Haselnüsse,
2 gehäufte Esslöffel Zucker,
geröstete ganze Haselnüsse

Zubereitung:
Zimmerwarme Butter mit den gerösteten gemahlenen Haselnüssen und den zwei Esslöffeln Zucker kneten. Geht ganz schnell.
Kleine Teighäufchen formen und in die Mitte eines jeden Plätzchens eine geröstete Haselnuss setzen. Etwas eindrücken. Die Teighäufchen auf ein mit Backpapier ausgelegtes Bachblech platzieren.
Bitte etwas Abstand zwischen den Teighäufchen lassen, da sie etwas auslaufen (siehe Foto).
In den auf 200° C Ober- und Unterhitze vorgewärmten Backofen schieben und ca. 13 bis 15 Minuten backen.

Erdbeer Charlotte

Zutaten:
1 dünnen Biskuitboden,
1 Packung Löffelbiskuits,
750 ml 35 %-ige Konditorsahne,
1000 g Erdbeeren,
9 Esslöffel Zucker,
10 Blättchen helle Gelatine,
dunkle Kuchenglasur,
200 ml Sahne zum Garnieren,
1 Esslöffel Zucker

Zubereitung:
Den dünnen Biskuitboden auf eine Tortenplatte legen. Die Löffelbiskuits auf 7 cm Länge zuschneiden. Einen Tortenring mit etwas Spiel um den Tortenboden legen. Die zugeschnittenen Löffelbiskuits in die Lücke zwischen Tortenboden und Tortenring stellen. Tortenring festziehen, so dass die Löffelbiskuits um den Tortenboden stehen. Zehn Blättchen helle Gelatine in kaltem Wasser einweichen. 750 ml Sahne mit neun Esslöffel Zucker steif schlagen. Von den Erdbeeren 15 schöne Exemplare zur Seite stellen. Den Rest Erdbeeren vom Stengel befreien, in eine Schüssel geben und pürieren. Die zehn Minuten eingeweichten Gelatineblättchen ausdrücken und in einem Topf bei ganz geringer Wärme auflösen, unter ständigem Rühren. Dann von der Herdplatte ziehen und etwas von der pürierten Erdbeermasse einrühren. Danach erst die gesamte Masse unter die pürierten Erdbeeren geben. Sofort unter die geschlagene Sahne rühren. Gut umrühren. Diese Sahne-Erdbeermasse auf den Tortenboden geben. Für einige Stunden in den Kühlschrank stellen. Kuchenglasur im Wasserbad auflösen und die zur Seite gestellten Erdbeeren eintunken und zur Seite stellen. Die Sahne zum Verzieren mit einem Esslöffel Zucker steif schlagen. Garnieren.

Rhabarberkuchen mit Mandel-Eischnee

Zutaten Teig:
300 g Mehl,
1 Teelöffel Backpulver,
100 g Zucker,
1 Päckchen Vanillezucker,
1 Prise Salz,
4 Eigelb,
125 g Butter

Zutaten Obstbelag:
2 Tüten Sahnefestiger,
1,5 kg Rhabarber,
200 g Zucker

Zutaten Baiser:
4 Eiweiß,
125 g Zucker,
100 g gemahlene Mandeln

Zubereitung:
Aus den Zutaten für den Teig einen Mürbeteig herstellen. Ausrollen und in eine gefettete Springform legen. An den Rändern etwas hoch drücken. Mit einer Gabel mehrmals in den Teig stechen. Bei 200° C ca. 20 Minuten backen.
Zwei Beutel Sahnefestiger auf den Teig streuen. Den Rhabarber waschen, gut abtropfen lassen und in kleine Stücke schneiden. Mit dem Zucker vermischen und sofort auf den mit Sahnefestiger bestreuten Teig geben. 20 Minuten bei 200° C backen. Vier Eiweiß steif schlagen und den Zucker beim Schlagen einrieseln lassen, es entsteht eine dickcremige Masse. 100 g gemahlene Mandeln unterheben. Den Eischnee über den Rhabarber geben und weitere 5-10 Minuten bei 200° C Ober- und Unterhitze backen, bis der Eischnee fest und gebräunt ist.

Tassenkuchen

Zutaten:
5 Eier,
2 Tassen Zucker,
3 Tassen Mehl,
1 Tasse Sprudel,
1 Tasse Öl,
1 Tüte Backpulver,
1 Teller geraspelte Äpfel,
½ Tüte Mandelblättchen

Zubereitung:
Fünf Eier und zwei Tassen Zucker ca. 7 Minuten schön schaumig schlagen. Drei Tassen Mehl, eine Tasse Sprudel und eine Tasse gutes Öl dazugeben. Das Backpulver mit einem Teelöffel Mehl unterheben. Die Äpfel säubern, grob raspeln und ebenfalls unter den Teig rühren. Alles in eine gefettete und mit Semmelmehl ausgelegte Springform füllen und mit den Mandelblättchen bestreuen.
Bei 200° C Ober- und Unterhitze ca. 20 – 30 Minuten backen.
Den warmen Kuchen mit Puderzucker bestreuen.

Mokkatorte

Zutaten Teig:
5 Eier,
4 Esslöffel Wasser,
140 g Mehl,
180 g Zucker,
2 Teelöffel Vanillezucker,
2 Esslöffel Kakao,
2 Teelöffel Backpulver

Zutaten Füllung:
1 Glas Kirschen,
5 Esslöffel Zucker,
2 Päckchen roten Tortenguss,
1 l 36%-igeSchlagsahne,
3 Teelöffel Instant-Kaffee,
6 cl Rum,
4 Esslöffel Zucker

Zubereitung:
Eier mit vier Esslöffeln Wasser schaumig rühren. Zucker und Vanillezucker dazugeben und auf höchster Stufe weiter schaumig schlagen. Das Mehl mit dem Kakao und dem Backpulver vorsichtig unterheben. Eine Springform mit Backpapier auslegen. Den Teig hineingeben und bei 165° C Ober- und Unterhitze ca. 30 – 40 Minuten backen. Den Tortenboden auskühlen lassen.
Den schwarzen Biskuitboden zweimal waagerecht durchschneiden.
Den unteren Boden auf eine Tortenplatte legen und einen Tortenring umlegen. Die Kirschen in ein Sieb geben, den Saft auffangen. Zwei Päckchen roten Tortenguss mit etwas Saft anrühren. Den restlichen Saft mit fünf Esslöffeln Zucker zum Kochen bringen und mit dem Tortenguss andicken.
Noch heiß auf den mit einem Tortenring umfassten Boden gießen. Abkühlen lassen. Einen Liter Schlagsahne mit vier Esslöffeln Zucker steif schlagen. 6 cl Rum (drei kleine Schnapsgläser voll) mit drei Teelöffeln Instant-Kaffee verrühren und unter die Sahne rühren.

Eine Schicht von der Sahne auf die Kirschenschicht verteilen. Den zweiten Biskuitboden darauf legen. Eine weitere Sahneschicht auf diesen zweiten Boden verteilen. Den Tortendeckel darauf legen. Mit Sahne bestreichen, Sahnetupfer setzen und evtl. mit frischen oder Kirschen aus dem Glas verzieren.

Apfelkuchen vom Blech (ohne Fett gebacken)

Zutaten:

4 Eier,
250 g Zucker,
2 Päckchen Vanillezucker,
300 g Mehl,
1 Päckchen Backpulver,
2 kg Äpfel

Zubereitung:

Vier Eier mit 250 g Zucker schaumig schlagen. Zwei Päckchen Vanillezucker einrühren. Mehl und Backpulver mischen und löffelweise unter den Teig rühren. Backblech mit Fett einpinseln und mit Paniermehl ausstreuen. Den Teig auf das Blech geben und verteilen.

Die Äpfel schälen und in vier Teile schneiden. Senkrecht dicht an dicht in den Teig setzen.

Bei 175° C Ober- und Unterhitze ca. 40 – 50 Minuten backen.

Wer möchte, kann zum Schluss Puderzucker über den Apfelkuchen streuen.

Bienenstichtorte

Zutaten:
6 Eier, Prise Salz,
200 g Zucker, 140 g Mehl,
½ Päckchen Backpulver,
100 g gehobelte Mandeln,
200 ml Milch,
500 ml Schlagsahne,
1 Päckchen
Paradiescreme Vanille

Zubereitung:
Sechs Eiweiße mit einer Prise Salz zu steifem Eischnee schlagen. 200 g Zucker einrieseln lassen und ca. drei Minuten weiter schlagen. Sechs Eigelb, Mehl und Backpulver vorsichtig unter den Eischnee heben. Den lockeren Teig in eine gefettete und mit Paniermehl ausgestreute Springform füllen. Die gehobelten Mandeln auf dem Teig verteilen. Im auf 175° C Ober- und Unterhitze vorgeheiztem Backofen schieben und ca. 35 – 40 Minuten backen.
Die Torte abkühlen lassen.
Die hohe Torte einmal durchschneiden. 200 ml gekühlte Milch in ein Gefäß geben und die Paradiescreme ca. 4 Minuten einrühren. Die Schlagsahne schön steif schlagen und dann die angerührte Paradiescreme unterheben.
Die Creme auf den unteren Tortenboden verteilen und die obere Tortenhälfte aufsetzen.

Stachelbeertorte

Zutaten Teig:
4 Eiweiß,
4 Esslöffel kaltes Wasser,
200 g Zucker,
4 Eigelb,
80 g Kartoffelmehl,
80 g Mehl,
1 Teelöffel Backpulver

Zutaten Füllung:
100 g Butter,
100 g Zucker,
100 g gehackte Mandeln,
500 g Stachelbeeren (aus dem Glas),
1 Päckchen Tortenguss,
2 Esslöffel Zucker,
½ l Sahne,
1 Päckchen Vanillezucker

Zubereitung:
Aus den Teigzutaten einen Biskuitboden herstellen. Bei 180° C Ober- und Unterhitze 30 Minuten backen. Den abgekühlten Tortenboden einmal durchschneiden. Die beiden Tortenböden aushöhlen und den gewonnen Teig zerbröseln.
100 g Butter, 100 g Zucker, 100 g gehackte Mandeln und die Bröselmasse in einer Bratpfanne erhitzen und anbraten. Von der Masse etwas zum Verzieren zur Seite stellen, den anderen Teil in den unteren ausgehöhlten Teigboden verteilen.
Die 500 g Stachelbeeren aus dem Glas abtropfen lassen und den Saft auffangen.
¼ l Stachelbeersaft mit 2 Esslöffeln Zucker aufkochen und mit dem Tortenguss nach Anweisung kochen. Die Stachelbeeren in die Masse geben und alles abkühlen lassen.
Die abgekühlte Stachelbeermasse auf die Bröselmasse in den ausgehöhlten Boden geben. Die Schlagsahne mit einem Päckchen Vanillezucker steif schlagen und die Hälfte der Sahne auf die Stachelbeeren geben. Den zweiten Tortenboden aufsetzen und mit der Schlagsahne besteichen. Mit den zurückgelegten Bröseln verzieren.

Silkes Biskuitboden

Zutaten:
4 Eiweiß,
4 Eigelb,
200 g Zucker,
3 Esslöffel Öl,
125 g Kartoffelmehl,
125 g Mehl,
3 Teelöffel Backpulver

Zubereitung:
Vier Eiweiß mit vier Esslöffeln kaltem Wasser zu steifem Schnee schlagen.
200 g Zucker einrieseln lassen und weiter schlagen. Vier Eigelbe und drei Esslöffel gutes Öl dazugeben und immer weiterschlagen. 125 g Kartoffelmehl, 125 g Mehl mit dem Backpulver unterheben und alles zusammen in eine gefettete und mit Semmelmehl überzogene Springform geben.
Bei 160° C Ober- und Unterhitze ca. 35 – 40 Minuten backen.

Gelingt immer!
Dieser Boden kann in drei Böden geschnitten werden. Wenn nur ein Boden gebraucht wird, kann man die beiden anderen Böden gut einzeln einfrieren und bei Gebrauch schnell einsetzen.

Holländer Kirschtorte

Zutaten Blitzblätterteig:
150 g Mehl,
150 g Butter (kalt),
1 Prise Salz,
ca. 50 ml kaltes Wasser
oder (Blätterteig tiefgekühlt)

Zutaten Füllung:
1 Glas Kirschen,
l Esslöffel Zitronensaft,
Zucker nach Geschmack,
1-2 Esslöffel Speisestärke zum Andicken,
100 g Puderzucker/Wasser,
½ l Schlagsahne,
Johannisbeergelee, Amarenakirschen

Zubereitung Kirschfüllung:
Saft von einem Glas Kirschen süßen, den Zitronensaft dazugeben und mit angerührter Speisestärke andicken. Die Kirschen hineingeben und kalt werden lassen.

Zubereitung Blätterteig:
Mehl, Salz, kaltes Wasser und in Stücke geschnittene Butter zügig zu einem Teig verkneten (es dürfen ruhig noch Butterstücke sichtbar sein). Zu einem rechteckigen Stück ausrollen und dreifach übereinander legen. Kalt stellen.
Erneut ausrollen und abermals dreifach übereinander legen, kalt stellen. Ein drittes mal ausrollen, dreifach übereinander schlagen und kalt stellen. Jetzt zwei runde Platten ausrollen und auf Backpapier backen.
Backzeit: Ca. 15 Minuten bei 170° C Heißluft. Einen der gebackenen Böden umdrehen und mit aufgekochtem Johannisbeergelee bepinseln.

Aus Puderzucker und Wasser einen Guss bereiten und auf den jetzt roten Boden pinseln. Den anderen Boden mit der Kirschfüllung bestreichen und geschlagene Sahne darüber spritzen. Den roten Boden in Stücke schneiden und auf die Sahne legen. Mit Sahne und Amarenakirschen verzieren.

Apfelkuchen mit Kokosbelag

Zutaten Teig:
100 g Butter,
100 g Zucker,
2 Eier,
200 g Mehl,
½ Teelöffel Backpulver,
4 säuerliche Äpfel,
3 Esslöffel Zitronensaft

Zutaten Belag:
100 g Butter,
100 g Zucker,
3 Eier,
75 g Kokosraspeln

Zubereitung:
Aus 100 g Butter, 100 g Zucker, zwei Eiern, 200 g Mehl und einem ½ Teelöffel Backpulver einen Rührteig herstellen. Diese Masse in eine gefettete Springform geben.
Die vier Äpfel zerkleinern, mit Zitronensaft beträufeln und auf die Teigmasse geben. Aus 100 g Butter, 100 g Zucker, drei Eiern und 75 g Kokosraspeln eine Masse herstellen und diese gleichmäßig auf den zerkleinerten Äpfeln verteilen. Bei 180° C Ober- und Unterhitze ca. 40 Minuten backen.

Quarkstollen von Brigitte

Zutaten:

500 g Mehl,
1 Päckchen Backpulver,
200 g Zucker,
1 Päckchen Vanillezucker,
4 Tropfen Bittermandelöl,
4 Tropfen Zitronen-Aroma,
1 kleines Fläschchen Rum-Aroma,
1 Messerspitze Kardamom,
2 Eier,
125 g Butter,
50 g Rinderfett,
250 g gut ausgedrückten Speisequark,
125 g Rosinen,
125 g Korinthen,
125 g gehackte Mandeln,
40 g gehacktes Zitronat,
100 g zerlassene Butter,
Puderzucker zum Bestreichen

Zubereitung:

Mehl mit dem Backpulver auf ein Backbrett sieben, in die Mitte eine Mulde drücken. Zucker, Gewürze und die Eier hineingeben, mit etwas Mehl zu einem dicken Brei verrühren. Dann die kleingeschnittene Butter und das kleingeschnittene Rinderfett, den gut ausgedrückten Quark, die Rosinen und Korinthen, die Mandeln und das Zitronat unterrühren. Zu einem glatten Teig kneten, bei Bedarf noch etwas Mehl hinzufügen, bis der Teig nicht mehr klebt. Zu einem Stollen formen und im vorgeheizten Backofen bei 200° C Ober- und Unterhitze ca. 75-85 Minuten backen. Mit der zerlassenen Butter bestreichen und mit Puderzucker bestäuben.

Kirschkuchen

Zutaten:

200 g Margarine,
200 g Zucker,
4 Eier,
1 Prise Salz,
100 g geriebene dunkle Schokolade,
125 g gemahlene Mandeln,
3 Esslöffel Rum,
125 g Mehl,
2 Teelöffel Backpulver,
1 Glas Schattenmorellen

Zubereitung:

Margarine, Zucker, 4 Eigelb, 100 g geriebene dunkle Schokolade, 125 g gemahlene Mandeln und drei Esslöffel Rum gut verrühren. Mehl und Backpulver mischen und unterrühren. Vier Eiweiße mit einer Prise Salz zu steifem Schnee rühren und unter die Teigmasse heben.

Eine Springform einfetten und mit Paniermehl ausstreuen. Den Teig einfüllen. Die Kirschen in ein Sieb gießen und gut abtropfen lassen. Die Kirschen dann auf der Teigoberfläche verteilen und etwas eindrücken.
Bei 170°C Ober- und Unterhitze ca. 1 Stunde backen.

Bananenkuchen

Zutaten:

250 g Butter,
200 g Zucker,
3 Eier,
300 g Mehl,
2 Teelöffel Backpulver,
½ Tafel geraspelte Zartbitterschokolade,
1 Teelöffel Zimt,
2 Teelöffel Kakao,
½ Teelöffel Muskat,
2 cl Rum,
1 Messerspitze Nelken,
3 – 4 reife Bananen

Zubereitung:

Zimmerwarme Butter und drei Eier schaumig rühren. Die geraspelte Schokolade, Rum und die Gewürze unterrühren. Zum Schluss das Mehl, Backpulver und die reifen zerdrückten Bananen dazugeben und alles gut verrühren. In eine gefettete und mit Paniermehl ausgestreute Kastenform füllen und bei 175° C Ober- und Unterhitze ca. 60 Minuten backen.

Mandelkuchen

Zutaten:
1 Becher Sahne,
1 Becher Zucker,
2 Becher Mehl,
4 Eier,
1 Vanillezucker,
1 Päckchen Backpulver,
1 Prise Salz

Zutaten Belag:
125 g Butter,
200 g gehobelte Mandeln,
4 Esslöffel Milch,
1 Becher Zucker,
1 Päckchen Vanillezucker

Zubereitung:
Vier Eier mit einem Becher Zucker, einer Prise Salz und einem Päckchen Vanillezucker schaumig weiß rühren. Einen Becher Sahne, zwei Becher Mehl und ein Päckchen Backpulver dazugeben und kurz weiterrühren. Den Teig auf ein mit Backpapier ausgelegtes Backblech dünn verteilen.

Bei 200° C Ober- und Unterhitze in den vorgeheizten Backofen geben und so lange backen, bis der Teig hellbraun wird.
In der Zwischenzeit für den Belag die Butter in einem Topf langsam schmelzen lassen. Die gehobelten Mandeln, vier Esslöffeln Milch, ein Päckchen Vanillezucker und einen Becher Zucker hinzugeben und bei mittlerer Hitze unter ständigem Rühren zu einer etwas braunen Masse werden lassen.
Danach sofort mit einem Esslöffel auf den vorgebackenen Teig verteilen.
Bei 200° C ein weiteres Mal in den Backofen geben bis der Belag knusprig braun wird.

Futjes mit Backpulver

Zutaten:
1 l Milch,
1 Teelöffel Salz,
250 g Grieß,
8 Eigelb,
Saft und Schale
einer Zitrone,
200 g Rosinen,
1 Esslöffel Zucker,
1 Schuss Rum,
¾ Tüte Backpulver,
5 Esslöffel Mehl,
8 Eiweiß

Zubereitung:
1 l Milch mit einem Teelöffel Salz werden erhitzt und mit 250 g Grieß abgebacken. Den Grieß abkühlen lassen. Eigelb, den Saft und die Schale einer Zitrone, einen Esslöffel Zucker, 200 g abgewaschene Rosinen, einen Schuss Rum und fünf Esslöffeln Mehl mit einer ¾ Tüte Backpulver unterrühren. Zum Schluss den steif geschlagenen Eischnee von acht Eiweißen unter den Teig heben. Mit einem Esslöffel kleine Häufchen in heißes Fett setzen, einmal mit dem Löffel im Fett umdrehen, damit beide Seiten goldbraun werden. Mit einer Schöpfkelle werden die Futjes aus dem Fett geholt und sofort heiß serviert. Entweder mit Zucker servieren oder mit einer süßen Fruchtsuppe

Erdbeertorte

Zutaten:

dünnen Biskuitboden,
1000 g frische Erdbeeren,
¾ l Erdbeersaft,
9 Esslöffel Zucker,
4 Päckchen roten Tortenguss,
Schlagsahne

Zubereitung:

Einen dünnen Biskuitboden auf eine Tortenplatte legen. Einen Tortenring umlegen. Die Erdbeeren entstielen. Drei Päckchen Tortenguss mit etwas Erdbeersaft anrühren. Einen halben Liter Erdbeersaft mit neun Esslöffeln Zucker zum Kochen bringen und mit dem Tortenguss andicken. Sofort auf den Tortenboden gießen. In die noch warme angedickte Masse die Erdbeeren dicht an dicht setzen. Einige Erdbeeren teilen und in die Lücken setzen.

Einen viertel Liter Erdbeersaft mit einem angerührten Tortenguss andicken und jetzt über die Erdbeeren gießen. Über Nacht im Kühlschrank stehen lassen. Mit geschlagener Sahne garnieren.

Mutti`s Apfelkuchen

Zutaten:

250 g Butter,
2 Eier,
250 g Zucker,
250 g Mehl,
1 Päckchen Backpulver,
1 Tasse Wasser,
1000 g Äpfel

Zubereitung:

Die Butter schmelzen lassen. In eine Rührschüssel geben und mit den zwei Eiern und 250 g Zucker verrühren. Mehl und Backpulver unterrühren. Zum Schluss die Tasse kaltes Wasser dazugeben.
Die Äpfel schälen und in dünne Spalten schneiden. Die Apfelspalten unter den Teig rühren und in eine gefettete und mit Paniermehl ausgestreute Springform füllen.
Bei 200° C Ober- und Unterhitze ca. 40 – 45 Minuten backen. Evtl. nach halber Backzeit ein Stück Backpapier über die Springform legen, dann wird der Kuchen nicht ganz so braun.

Schwarzbrot-Torte

Zutaten:
7 Eier,
250 g Zucker,
150 g geriebene Mandeln,
150 g geriebenes Schwarzbrot (kein Vollkornbrot),
2 Esslöffel Mehl,
2 Teelöffel Backpulver

Zubereitung:
Eigelb mit 250 g Zucker kräftig zu Eischaum rühren. Das getrocknete Schwarzbrot mit der Handreibe zerkleinern. Die geriebenen Mandeln, das geriebene Schwarzbrot, die zwei Esslöffel Mehl und die zwei Teelöffel Backpulver unterrühren. Die sieben Eiweiß zu steifem Eischnee schlagen und zum Schluss vorsichtig unter die Kuchenmasse heben. In einer gefetteten Springform bei 180° C Ober- und Unterhitze ca. 45 Minuten backen.

Blauer Heinrich

Zutaten Teig:
5 Eigelb,
125 g Zucker,
150 g Mehl,
1 Teelöffel Backpulver,
140 g Margarine

Zutaten Baiser:
5 Eiweiß,
1 Prise Salz,
200 g Zucker

Zutaten Torte:
1 Glas Pflaumenmus,
500 ml 35%-ige Schlagsahne,
4 Esslöffel Zucker

Zubereitung:
Eigelb, 125 g Zucker, 150 g Mehl, 1 Teelöffel Backpulver und 140 g Margarine zu einem Teig verrühren. Mit bemehlten Fingern auf zwei eingefetteten Springformen verteilen. Fünf Eiweiße mit einer Prise Salz schön steif schlagen. 200 g Zucker einrieseln lassen. Auf beide Böden verteilen.
Nicht glatt streichen. Ruhig Eiweißspitzen stehen lassen.
Bei 160° C Ober- und Unterhitze ca. 35 Minuten backen. (Dabei stellt man eine Form in die Mitte des Backofens auf das Gitterrost und die zweite Form auf den Backofenboden. Nach 15-17 Minuten die beiden Formen wechseln, so dass die untere Form jetzt auf das Gitterrost kommt und umgekehrt.) Abkühlen lassen.
Den ersten Tortenboden auf eine Tortenplatte legen. Das Pflaumenmus auf dem Boden verteilen. Die Schlagsahne mit vier Esslöffeln Zucker steif schlagen und auf dem Pflaumenmus verteilen. Den zweiten Tortenboden auf die Sahne legen.

Mohn-Schmandkuchen

Zutaten Teig:
150 g Mehl,
60 g Zucker,
60 g Margarine,
1 Prise Salz,
1 Ei,
1 Teelöffel Backpulver

Zutaten Mohnmasse:
500 ml Milch,
100 g Zucker,
1 Päckchen
Vanille-Pudding-Pulver,
1 Packung Mohnback,
1 Becher Schmand (200g)

Zutaten Guss:
3 Eier,
100 g Zucker,
2 Becher Schmand
(je 200g)

Zubereitung:
Aus den Zutaten Teig einen Teig kneten und für eine Stunde in den Kühlschrank legen. In der Zeit 500 ml Milch mit 100 g Zucker zum Kochen aufsetzen. Von der Milch etwas abnehmen und das Päckchen Vanille-Puding-Pulver damit anrühren. Wenn die Milch kocht, mit dem Vanille-Pudding-Pulver andicken. Die Packung Mohnback hinzufügen und einmal kurz mit aufkochen.
Anschließend die Masse abkühlen lassen. Wenn die Masse abgekühlt ist, einen Becher Schmand unterrühren. Nach einer Stunde den Teig aus dem Kühlschrank nehmen und mit bemehlten Händen in einer gefetteten und mit Paniermehl ausgestreuten Springform verteilen. Einen ca. 1 cm hohen Rand drücken. Darauf die abgekühlte Mohn-Schmandmasse geben.

Jetzt drei Eier mit 100 g Zucker schön schaumig schlagen. Zwei Becher Schmand unterrühren. Die schaumige Masse auf der Mohnmasse verteilen.
Den Backofen auf 140° C Ober- und Unterhitze vorheizen und den Kuchen 70 Minuten backen. Der Kuchen muss eine Nacht im Kühlschrank abkühlen.

Pflaumenkuchen (ohne Fett gebacken)

Zutaten:

2 Eier,
125 g Zucker,
1 Päckchen Vanillezucker,
150 g Mehl,
½ Päckchen Backpulver,
1 kg frische Pflaumen

Zubereitung:

Zwei Eier mit 125 g Zucker schaumig schlagen. Ein Päckchen Vanillezucker einrühren. Mehl und Backpulver mischen und löffelweise unter den Teig rühren.

Springform mit Fett einpinseln und mit Paniermehl ausstreuen. Den Teig in die Form geben und verteilen. Die Pflaumen entsteinen und senkrecht dicht an dicht in den Teig setzen. Bei 175° C Ober- und Unterhitze ca. 40 – 50 Minuten backen.

Futjes mit Quark

Zutaten:
5 Eier,
100 g Zucker,
2 Vanillezucker,
500 g Quark,
2 Tüten Backpulver,
500 g Mehl,
½ Tasse Wasser,
250 g Rosinen

Zubereitung:
Die Eier mit dem Zucker und dem Vanillezucker schaumig rühren. Den Quark, das Mehl und das Backpulver dazugeben. Eine halbe Tasse Wasser und die Rosinen unterrühren. Palmin in einem großen Topf erhitzen und löffelweise die Futjes einsetzen. Von allen Seiten goldbraun backen. In Zucker gedippt ein herrlicher Genuss.

Speckkuchen

Zutaten:

250 g dünne Scheiben durchwachsenen Speck,
3 Eier,
100 g Zucker,
1 Prise Salz,
etwas abgeriebene Zitronenschale,
250 g Mehl,
2 Esslöffel Milch,
½ Päckchen Backpulver

Zubereitung:

Drei Eier mit 100 g Zucker schaumig rühren. Prise Salz, Zitronenschale, Mehl, Milch und Backpulver unterrühren. Eine feuerfeste Auflaufform mit Butter ausstreichen. Die Form dicht an dicht mit den dünnen Scheiben durchwachsenen Speck auslegen, auch die Seiten. Den Teig auf die ausgelegten Speckscheiben füllen und verteilen. Die restlichen Scheiben vom Speck dicht an dicht auf den Teig legen. Bei 175° C Ober- und Unterhitze den Speckkuchen ca. 60 Minuten backen.
Auf einen großen Teller stürzen und warm mit Obst- oder Vanillesosse servieren.

Gebackene Schmandtorte

Zutaten Boden:
100 g Butter,
50 g Zucker,
1 Päckchen Vanillezucker,
150 g Mehl,
1 Teelöffel Backpulver

Zutaten Füllung:
4 Becher Schmand,
½ l Milch,
150 g Zucker,
2 Päckchen Puddingpulver,
1 Dose Mandarinen mit Saft

Zubereitung:
Aus den Tortenbodenzutaten einen Teig kneten. In eine eingefettete Springform füllen und verteilen.
½ l Milch zum Kochen bringen, Zucker einrieseln lassen und mit dem angerührten Puddingpulver andicken.
Den Schmand mit den Mandarinen und dem Mandarinensaft unterrühren.
Die Pudding-Schmandmasse auf den Tortenboden geben und bei 175° C Ober- und Unterhitze ca. 75 Minuten backen.

Apfelmustorte

Zutaten Teig:
7 Eier,
Prise Salz,
200 g Zucker,
125 g Mehl,
100 g Maizena,
1 Teelöffel Backpulver

Zutaten Torte:
1 l 35%-Konditorsahne,
4 Esslöffel Zucker,
750 g Äpfel,
Zucker nach Geschmack,
1 Bio-Zitrone,
2 Esslöffel Speisestärke

Zubereitung:
Die Äpfel schälen, entkernen und klein schneiden. Mit wenig Wasser (1 ½ Tassen) die Apfelstücke in einen Topf geben. Die Schale der Zitrone abreiben und die Zitrone entsaften. Beides zu den Äpfeln geben. Zucker nach Geschmack zu den Äpfeln geben. Zum Kochen bringen und ca. 15 Minuten bei geringer Hitze die Äpfel köcheln lassen.
Mit den in wenig Wasser angerührten zwei Esslöffeln Speisestärke wird diese Apfelmasse angedickt. Abkühlen lassen.
Sieben Eier trennen. Die sieben Eiweiße mit 100 g Zucker und einer Prise Salz schaumig dick schlagen.
Sieben Eigelbe mit 100 g Zucker schaumig gelb schlagen.
Die Eigelb-Zuckermasse unter das steife Eiweiß heben. Mehl, Maizena und Backpulver mischen und durch ein Sieb auf die Teigmasse rieseln lassen. Vorsichtig unterheben. Den Teig in eine mit Butter ausgestrichene und mit Paniermehl ausgestreute Springform füllen.
Den Backofen bei 180° C Ober- und Unterhitze vorheizen und die Torte 45 Minuten backen. Abkühlen lassen.

Die Torte zweimal durchschneiden. Den unteren Tortenboden auf eine Tortenplatte legen. Einen Tortenring umlegen. Die Sahne mit vier Esslöffeln Zucker steif schlagen. Die Hälfte vom kalten Apfelkompott auf den unteren Tortenboden verteilen. 1/3 der Sahne darauf verteilen. Den zweiten Tortenboden auf die Sahne legen. Jetzt die zweite Hälfte vom Apfelkompott auf den zweiten Boden verteilen. 1/3 der Sahne wieder auf diesen Boden verteilen. Den letzten Tortenboden auflegen und mit dem Rest der Schlagsahne wird die Torte seitlich und oben bedeckt. Etwas verzieren.

Rumtorte von Mausi

Zutaten:

450 g Löffelbiskuit,
125 g Butter,
125 g Margarine,
125 g Puderzucker,
125 g gemahlene Haselnüsse,
4 Eidotter,
250 ml ungeschlagene Schlagsahne,
etwas Rum zum Beträufeln

Zubereitung:

Butter, Margarine und Puderzucker schaumig schlagen. Nach und nach die Eidotter zusammen mit den gemahlenen Nüssen darunter rühren. Zuletzt die ungeschlagene Sahne dazugeben. Die entstandene Creme in drei Teile teilen.
Einen Tortenring auf eine Tortenplatte stellen und den Boden mit Löffelbiskuit auslegen, mit etwas Rum beträufeln. 1/3 der Creme auffüllen und noch zwei weitere Lagen mit Löffelbiskuit und Creme folgen.
Die oberste Lage ist Creme. Die Torte über Nacht kalt stellen.
Vor dem Verzehr mit geschlagener Sahne bestreichen und verzieren.

Preiselbeer-Kaffeesahnetorte

Zutaten:
einen Biskuitboden
(siehe Seite 41),
1 Glas Preiselbeermarmelade,
2 cl Rum,
2 Teelöffel Instantkaffee,
4 Esslöffel Zucker,
750 ml 35%-ige Konditorsahne

Zubereitung:
Den Biskuitboden zweimal durchschneiden. Den unteren Boden auf eine Tortenplatte legen und einen Tortenring umlegen. Die Sahne mit vier Esslöffeln Zucker steif schlagen. Ein drittel der geschlagenen Sahne mit einem halben Glas Preiselbeermarmelade verrühren und auf den Tortenboden geben. Den zweiten Boden auflegen. 2 cl Rum mit zwei Teelöffeln Instantkaffee verrühren und unter das zweite drittel Sahne rühren. Auf den zweiten Boden verteilen.
Den Tortendeckel auflegen und mit der letzten Sahne bestreichen und verzieren.

Tote Tante, Trümmertorte & Verdrehte Jungs
Torten und Kuchen
aus der Küstenküche
ISBN 978-3-937580-55-5
€ 6,90

Wickeltorte, Eierpunsch & Ellen`s Butterkuchen
Tortenrezepte
ISBN 978-3-937580-62-3
€ 6,90

Dünentorte, Friesenbeutel & Silkes Blaubeerkuchen
Torten und Kuchen
aus der Küstenküche
ISBN 978-3-937580-80-7
€ 6,90

Friesentorte, Futjes & Fraukes Teekekse
ISBN 978-3-937580-89-0
€ 6,90

Schosterpann, Grüttwuss
& Plummturt
Dat nie Kokbook vun de
Viöler LandFruuns op platt un hoch
ISBN 978-3-937580-92-0
€ 6,90

Pharisäertorte, Teepunsch
& Schwiegermutterkuchen
Torten und Kuchen aus der Küstenküche
ISBN 978-3-937580-71-5
€ 6,90

Mehlbeutel, Matjes & Eiergrog
Rezepte aus der Küstenküche
ISBN 978-3-937580-96-8
€ 6,90

Krabbenfrikadellen,
Wasserkringel & Quittentorte
Lieblingsrezepte der
Husumer LandFrauen
ISBN 978-3-937580-91-3
€ 6,90

Bauernfrühstück,
Kohlpudding & Grießklüten
Rezepte aus der Küstenküche
ISBN 978-3-937580-90-6
€ 6,90

Apfelstuten, Labskaus &
Würziger Ritter
Rezepte mit Ei
ISBN 978-3-937580-64-7
€ 6,90

Bunten Stuten, Appelschmolt
& Püttjergrütt
Rezepte in hoch- und plattdeutsch
ISBN 978-3-937580-77-7
€ 6,90

Kürbis, Kohl & Rote Bete
Das Gemüsekochbuch für alle,
Vegetarier, Veganer
und Gemüseliebhaber
ISBN 978-3-937580-73-9
€ 6,90

Föhr
Rezepte aus der Inselküche
ISBN 978-3-937580-85-2
€ 6,90

St. Peter-Ording
Rezepte aus der Küstenküche
ISBN 978-3-937580-82-1
€ 6,90

Amrum
Rezepte aus der Inselküche
ISBN 978-3-937580-47-0
€ 6,90

Amrum
Rezepte aus der Küstenküche
ISBN 978-3-937580-86-9
€ 6,90

Nordstrand
Leckere Rezepte
aus der Küstenküche
ISBN 978-3-937580-81-4
€ 6,90

Lammrezepte
Hofladen Baumbach
ISBN 978-3-937580-46-3
€ 6,90

Sylt
Rezepte aus der Küstenküche
ISBN 978-3-937580-40-1
€ 6,90

Sylt
Rezepte aus der Inselküche
ISBN 978-3-937-580-67-8
€ 6,90

Fehmarn
Rezepte aus der Küstenküche
ISBN 978-3-937580-88-3
€ 6,90

Flensburg
Rezepte aus der Küstenküche
ISBN 978-3-937580-68-5
€ 6,90

Kiel
Rezepte aus der Küstenküche
ISBN 978-3-937580-75-3
€ 6,90

Angeln
Rezepte aus der Küstenküche
ISBN 978-3-937580-74-6
€ 6,90

Langeoog
Rezepte aus der Inselküche
ISBN 978-3-937580-76-0
€ 6,90

Ostfriesland
Rezepte aus der Küstenküche
ISBN: 978-3-937580-59-3
€ 6,90

Rezepte mit Käse
...aus der Käserei Holtsee
ISBN 978-3-937580-12-8
€ 6,90

Rum
Das Flensburger Getränk
Die Geschichte vom Rum
ISBN 978-3-937580-07-4
€ 6,90

Moin, moin
Humorvolle, plattdeutsche Geschichten
ISBN 978-3-923146-78-9
€ 6,90

Een Buur op Kur
Plattdeutsche Geschichten
ISBN 978-3-923146-55-8
€ 6,90

Petticoat und Gummistiefel
Eine Landkindheit an der Ostsee
Maria Volkermann
ISBN 978-3-937580-79-1
€ 11,90

Bi uns to hus
Kochbuch der Nordstrander Landfrauen
ISBN 3-923146-04-8
€ 9,00

Die Halbinsel Eiderstedt
und Friedrichstadt
ISBN 978-3-937580-48-7
€ 6,90

Herzlichen Glückwunsch
Geschichten zum Vortragen
ISBN 978-3-937580-66-1
€ 6,90

Een Buur drinkt pur
Plattdeutsche Geschichten
ISBN 978-3-923146-08-6
€ 6,90

Wat mutt, dat mutt
Humorvolle plattdeutsche Geschichten
ISBN 978-3-923146-13-0
€ 6,90

Weihnachten im Norden
Geschichten und Gedichte
von Silke Hars
ISBN 978-3-937580-95-1
€ 6,90

Wiehnachten
kann komen
Geschichten
und Gedichte rund
um das Weihnachtsfest
von Silke Hars
ISBN
978-3-937580-84-5
€ 6,90

Wiehnachten
is wedder dor
ISBN 978-3-937580-34-0
€ 6,90

Lachen unter`m Tannenbaum
Witze, Geschichten und Anekdoten
aus Deutschlands Norden
ISBN 978-3-937580-61-6
€ 6,90

De Plattdüütsche
Kalenner
(erscheint
jedes Jahr neu)
€ 5,00